Jovanka Stojčinović Nikolić

U NARANDŽI SUNCA
IN THE ORANGE OF THE SUN

TRANSCENDENT ZERO PRESS
HOUSTON, TEXAS
2023

To contact the publisher:
Editor@transcendentzeropress.org.

Cover photo art by
Riad Ben Romhdane

Published by Transcendent Zero Press
Houston, Texas
www.transcendentzeropress.org

FIRST EDITION

OGLAS

Tražim nužni smještaj
Da sklonim riječi na sigurno
Da vratim pod krov otkucane pjesme
Da imam nepoznatog susjeda
I svoju klupicu u parku
Pjesme da joj rađam

Kupujem omanju rijeku
Zgodnu za useljenje
Gdje u svakoj vodenici
Svoj žrvanj mogu sresti
Potražujem izgubljenu Ljubav Zlato Razglednice
I sve što je ostalo iza uspomena

Traži se ugao između dobojskih i vučjačkih nemira

Tu su ostali moji koraci
Otkucaji sata Nadošle vode Razbuktale vatre
Obećanja govora i smrti mjesečine
Stihovi prosuti na književnim večerima

Tu plaču moje godine i rastu sjenke

Razmjenjujem glavu ispod podignute sjekire
Za sjaj njene oštrice

Mijenjam smjer kazaljki na satu

One pojačavaju trku iznad istorije

Tako danima Tražim Kupujem Mijenjam
Potražujem Razmjenjujem
Razgrljavam Razdanjujem

Onda sjednem s licem u šakama
Malo se odmorim razmjerim riječi
I nanovo raspišem Oglas

THE PUBLIC NOTE

I look for provisional accommodation
To find a safe shelter for my words
To bring the written poems back under the roof
To have an unfamiliar neighbour
And my own bench in the Park
I buy a little river
Convenient for moving in
Where in each water-mill
I can meet my own millstone
I demand the lost Love Gold Picture Postcards
And everything left behind memories
The angle between the commotions of Doboj
and a wolf-dog is demanded
There remained my footsteps
Clock tickings Rising waters Blazing fires
Promises of speech and deaths of moonshine
Verses scattered at literary evenings
There my years weep and shadows grow
I swap the head under a lifted axe
For the glitter of ist cutting edge
I change the directions of the clock hands
They intensify the race above History
For days on end I am Looking Buying
Demanding Swapping Unhugging Dawning
Then I sit down with my face buried in hands
Taking a break to weigh out the words
To write the Public Notice once more

MJERA RIJEČI

Otkazala sam odlazak u biblioteku
Pijačni je dan
Danas ću lijepo da trgujem i kupujem
Ne sporim slast pogodbe
Ovdje se nebrojeno puta može izgovoriti riječ

Mjera riječi je tek na kraju
Svako ima svoju tezgu od snova

Trguje se Kupuje se

Dugme sa starih pantalona
Jastuk ispod glave za velike i pare male
Zmijski svlak Jelenov rog
Džepni sat i rupa na džepu
Telafonski broj Prašina ispod metle
Skupe i jeftine cigarete
Stari kišobrani Noževi iz grudnog koša
Trun u oku Sjenka ispred nogu

Kupuje se svjetlost ispod svjetionika
Brdo u Carevini Konji i konjanici
Put ispod koraka Stražari na straži

Magle iz hiljadu devetsto devedeset druge i treće
Kupuje se sve i svašta
Samo život nema cijenu

THE WEIGHING OF WORDS

I have called off going to Library
It is a market day
Today I am going to buy and sell
I do not deny the delight of bargaining
Here a word can be pronounced for countless times
The weighing of words comes in the end
Everybody has their own counters made of dreams
Buying and selling keep going on
A button from a pair of old trousers
A pillow under the head for big and small money
A Snake's slough Deer's horn
A pocket watch and a hole on the pocket
A phone number Dust under a broom
Expensive and cheap cigarettes
Old umbrellas Knives from the chest
A mote in the eye Shadow before the feet
Light below the Lighthouse is bought
A Hill in the Kingdom Horses and horsemen
The Road under the footsteps on guard
Mists from the years nineteen ninety two and three
Everything is for sale
Only life has no value

PLANINE U TIJELU

Posvunoć poravnavam planine
U tijelu

Iza jednog planinskog vrha
(Kojeg ne mogu da se domognem)
Pada Sunce niz liticu

Ravnajući zrake o nazubljeno kamenje
Jednostavno
Kao da u jednom bljesku pretrčava svoj sjaj

Mi smo dvije cjeline spolja zasebne
Pa je svaka u svom tijelu
Sa hiljadu prozora kroz koje se mogu vidjeti
Razna mjesta

Svjetlija su meni najsličnija i
Lako ih raspoznajem
Ona tamnija su duboka poput ždrijela
I teže primjećujem žive u njima

Dok poravnavam planine
Tamnina između svjetlosti leluja moju kožu
I osjećam kao da je uvijek bila
Nezaboravan susret sa svijetom i
Jedina mogućnost
Da se Sunca na litici domognem

MOUNTAINS IN MY BODY

All night long I have been flattening mountains
In my body

Behind a mountain top (which I cannot reach)
The Sun is falling down a cliff

Levelling its rays against jagged stones
Simply
As if covering by running its shine in a flash

We are two wholes separate from the outside
Each one in its own body
With a thousand windows through which various places
Can be seen

The brighter ones are similar to me
The darker ones are as deep as gorges
And I have difficulty to see the living people in them

While I am flattening mountains
The darkness between the lights is swaying my skin
And I feel as if it had always been
An unforgettable encounter with the world
And my only possibility
To reach the Sun on the cliff

PRAVO STANjE

Prebirem staru odjeću iz ormara
U spavaćoj sobi
Koja mi neprestano pravi
Pometnju u glavi čineći nesigurnom viziju
O pravom stanju moje odjevne nepokretnosti
Nasred sobe može da stane najveći bijeli oblak
Kroz njega se vidi sve u ormaru
Svi prispjeli snovi u rukavu spavaćice
Noćni časovi moje nesanice I riječi
Koje su nekim čudom zaostale u unutrašnjem džepu
Svijetlo plavog plišanog kostima iz mladosti

Zapravo pitam se da li je samo riječ o Sobi
I ormarima što cijeli život skupa
Čuvaju stare i nove stvari
Spasavajući maternji jezik
(kojeg ne mogu nikad izgubiti, ali ni kupiti)
Ili ogledalu naspram njih Iste životne dobi
Što u svakom slučaju može biti zamijenjeno

Samo kako da mu ugradim raspuklinu na ovalnoj strani
Koja se godinama drži bez jednog djelića ogledalca
Što se prije dvije decenije otisnulo u moju šaku
Glancajući ga da blista poput duše spavaće sobe
Razmišljam kako se ništa ne može završiti
Dok stvarima ne dođe smjena

THE REAL STATE

I am sorting out my old clothes in the wardrobe of my bedroom
The clothes that keep making
Confusion in my head blurring the vision
About the real state of my clothing immobility

In the middle of the room there can settle the largest cloud
Through it everything in the wardrobe can be seen
All dreams in the sleeves of the nightgown
The night hours of my insomnia and words
That by some miracke have remained in the inner pocket
Of the light blue outfit from my youth

In fact I wonder whether it is just the room
And wardrobes that all life long
Have been watching over old and new things
Saving the mother tongue
(which I can never lose or buy)
Or it is the mirror of the same age facing them
The mirror that in any case may be replaced
But how can I fix its crack on the oval side
Which has existed for years due to a tiny part of the mirror
That dropped into my hand two decades ago
While I was polishing it to shine like the soul of the bedroom

I conclude that nothing can be finished
Until the things are replaced

OZBILjNE STVARI

Ispijajući crnu kafu iz bijelih porcelanskih šolja
Razgovaramo o ozbiljnim stvarima
Otkrivajući jedna drugoj Ono što do sada nismo

Pokazuje mi izbodene prste iglom
Na staroj singerici
Koju mora što prije da popravi
Kako bi ukrpila sva godišnja doba na kecelji
I sve tajne Spolja i Iznutra da ušije

Hiljade oproštajnih pisama I važnih razgovora

Ulica bez žive duše na njima
I ćoškova gdje ruka ne doseže

Zagledajući u svoje modre igličaste rupice
Na jagodicama prstiju tiho prozbori

Teško mi je kad vidim da se svijet raspada
A do sada smo od ovoga živjeli

SERIOUS MATTERS

Sipping black coffee from porcelain cups
We are talking about serious matters
Disclosing new things to each other

She is showing me her fingers pricked by the needle
Of her old Singer sewing machine
Which she must repair as soon as possible
In order to patch all seasons of the year into the apron
And to stitch in all secrets outside and inside

Thousands of farewell letters and important talks

Of streets with no soul on them
And of corners beyond the reach of a hand

Looking closely at the blue needle-like punctures
On her finger cushions she utters in a low voice

I suffer when I see that the world is falling apart
And so far we have lived on this

PREOBRAŽAJ

Svako jutro prije odlaska na posao
U spavaćoj sobi za stolićem sa dvije ladice
I ogledalom
Utrljavam kremu na lice
I razmišljam šta se još može spasiti iz mladosti

Zid iza mojih leđa razdvaja me od Svitanja

I ništa mi važnije ne preostaje
Nego da širom otvorim prozor
I udahnem Svjetlost
Kao vrelu jutarnju kafu

Osjećam kako se tu više ništa ne može da dogodi

Osim Riječi koje je vrijeme u časovnik zapisalo
I šestu deceniju svoju tajnu misao otkucava

Trnci koji se iz peta penju u glavu
Opominju me da krenem

Usput do posla Svjetlost me
U sebe Preobrati

TRANSFORMATION

Every morning before going to work
Sitting at my little bedroom table with two drawers
And a mirror
I rub cream in my face
And ponder on what else can be saved of my youth

The wall behind me separates me from Daybreak

And nothing more important remains to me
Than to open the window wide
And to breathe in Light
Like hot morning coffee

I feel that nothing more can happen here

Except Words recorded by Time into the clock
That has been ticking its secret thought for five decades

Tingling rising from feet to head
Warns me to move

On the way to work Light
Transforms me into itself

POSTAVLjANjE CILjA

Sjećam se iz mladosti
Uskih drvenih stepenica
Ispod muzejske zgrade
Na čijem se vrhu okupilo
Nekoliko sredovječnih gospođa
Satima raspravljajući o nevažnim stvarima

Govor se ruši u zvono na obližnjoj crkvi
Koje se oglašava najjače što može

Sačekam trenutak
Dodam osmijeh na lice
I krenem gore

Siđite da se popnem

Gospođe se jedna u drugu zagledaše
Bez ijedne izgovorene riječi i pokreta
Mirno posmatrajući razmak između stepenica

Primijetila sam da im se ne žuri

SETTING OUT A TARGET

From my youth I remember
Narrow wooden stairs
Of the Muesum Building
At whose top there gathered
A few middle-aged ladies
For hours discussing irrelevant matters

Their speech echoed in the bell of a nearby church
Which sounded as strong as possible

I waited for a moment
Adding a smile on my face
And started toward them

Climb down so that I may climb up

The ladies stared at one another
Without a word or gesture
Calmly watching the space between the steps

I noticed that they were in no hurry

NEVIDLjIVE DUŠE

Noćas mi je soba živo radilište
Preturam svjetlost po rukopisima

Pažljivo
Da ne pocijepam tanku kožu
Mladih tijela
Koja se dodiruju nevidljivim dušama
Brižno raspoređenim po radnom stolu

Svako od njih osvjetljava svoj dio prostora
I sjaj se penje po zidovima

Usisava tavanicu
Da niko iz ove sobe
Ne izađe neosvijetljen

THE INVISIBLE SOULS

This night my room is a work-site
I am busy rearranging light in manuscripts

Carefully
In order not to rip the thin skin
Of young bodies
That touch one another with the invisible souls
Neatly arranged on the desk

Each of them illuminates their own space
And the shine climbs up the walls

Absorbing the ceiling
So that no one can leave
This room unilluminated

PODIZANjE ZIDA

Pretražujem mali prostor
Četri sa četri
Zidan prije pola vijeka
Ojačan razrastanjem paučine
U čijoj se dubini
Sakrila pluća ove prostorije

Sve više liči na omanji stan
Smješten duž potkožnih mojih ulica

Svake noći sanja kako se nadziđuje

Zid koji nadzida samog sebe
Uzida i mene
U prvu ciglu do temelja

Tako i ja podižem zid u sebi
I iza toga

ERECTING A WALL

I am searching a small space
Four metres by four metres
Built up half a century ago
Reinforced by the growth of cobwebs
In whose depths
The lungs of this room are hidden

It looks like a small flat
Situated along my subcutaneous streets

Every night it dreams of building itself over

The wall that builds itself over
Walls in myself too
Into the first foundation brick

That is how I erect a wall in myself
And another one behind

NEŠTO VIŠE O SUNCU

Zajedno smo šetali između
Pijačnih tezgi
Zavirujući lijevo i desno
Pod lica
Naborana pričama o tugama
Dok mene uspravnu i važnu
Ono nije iznenada napustilo
Kao što se neočekivano i kratko
Samo i pojavilo
I nježno iščezlo sa mog lica

To sunce što progrijava
Sumrak u duši
Da niko ne prepozna granicu
Svjetlosti između nas

Tu gdje stojim pored reklame
Pijačne tezge
Pozdravni govor sunčevih strijela
S vremena na vrijeme
Vraća se nazad
I podbada me pod rebra

I danas nosim
Posljedice prelamanja
Svjetlosti

SOMETHING MORE ABOUT THE SUN

We were walking together among
Market counters
Peeping left and right
Under faces
Wrinkled by stories about sorrows
Until it suddenly left me
Erect and important
Like it had appeared
Unexpectedly and briefly
Gently disappearing from my face

The Sun that warms up
Twilight of the soul
So that no one recognizes
Light between us

Here where I stand by the neon sign
Of a market counter
The welcoming address of the Sun's arrows
Comes back
From time to time
And shoves my ribs

I still suffer
Consequences of the refraction
Of Light

ODZIV

Uredno parkiram automobil
Na desnoj strani trotoara
I svaki put vodim rat
Sa nepotkresanim šibljem
I gomilicom starog maltera
Na kojoj je jedino
Zmijska košuljica
Iskopala sunce

Pitam se:

Ta zmija
Da li se raskućila
Ili se prva
Suncu odazvala

THE RESPONSE

I properly park my car
On the right side of the pavement
And every time I wage war
With unpruned brushwood
And with a little heap of old plaster
On which only
A snake slough
Has found the sun

I wonder:

Did that snake
Lose its house
Or it was the first
To respond to the Sun

PODIZANjE SVJETLOSTI

Skotrljala sam se niz stepenice
Takvom brzinom da nisam uspjela
Od tijela napraviti skulpturu

Ustala sam i tražila se Gore
Na početku pada

Kako tada tako svaki dan
Dok silazim razmišljam
Šta mi se još moglo desiti
Da nisam ustala

I kako je svaki silazak
Izbačen u tijelo Onog
Koji živi od svoje težine
Neizvjestan

LIFTING UP OF LIGHT

I rolled down the stairs
So fast that I did not succeed
In making my body a statue

I stood up looking for myself on High
At the beginning of the fall

Every day now I ponder
While descending the stairs
What else could have happened to me
If I had not stood up

And that every descent
Into the body of the One
Who lives by his own weight
Is uncertain

OKRAĆALA SJENKA

Danima putujem čas ispred
Čas iza svoje sjenke
I vidim kako pokriva
I Onoga koga nema

Od koga mi neočekivano stižu pisma
U kojima me obavještava
O mjestu gdje sam privremeno boravila
I preplitala sumnju
Da li uopšte ono postoji
Ili se slučajno dogodilo
U trenutku dok sam pisala pjesmu

Kasnije sam saznala
Da se taj trenutak u meni zaledio
Onog časa kada je sjenka okraćala
I uspravila se u mom tijelu
Uprkos stopalu koje je moglo da je zgazi

THE SHADOW GROWN SHORTER

For days I have been by turns travelling
Before and after my shadow
Seeing clearly that it covers
The One who does not exist

Whose letters I unexpectedly receive
In which he informs me
Of the place where I stayed temporarily
Interweaving the doubt
Whether that exists at all
Or it happened by chance
At the moment of my writing a poem

Later on I learned
That that moment froze up within me
When my shadow grew shorter
And righted itself in my body
Despite the foot that could have stepped on it

POPLAVA

Mjerimo visinu rijeke u predvečerje
Kao visinu sunca što mjerimo

Tjeramo brda da rastu

Pucamo u oblak
A odozdo nas zaskače dubina vode
Pljušte zagrljaji do koljena
Do ramena Do grla

Svaka kaplja nad smrt obale nadnesena
Podiže zmijsko klupko iz legla

Stigla voda umjesto hoda
U korake
U cipele
Nad obale usred trave
Žitu preko pasa
Dođe nam do glave

Sad dišemo s vodom u ustima

Skupilo se cijelo selo...
Valja vodu naddisati Valja vodu posrkati
Ili će nas progutati
Ta pitoma Zvijer

THE FLOOD

Towards evening we measure the river level
Like we measure the height of the Sun

We push hills to grow

We fire at a cloud
And from below we are attacked by the water depth
Hugs keep splashing knee-high
Shoulder-high Throat-high

Every drop hanging over the death of the bank
Lifts up a litter of snakes

Instead of the walk water reaches
Our steps
Our shoes
The grass above the banks
The wheat waist-high
And our heads

Now we breathe with mouths filled with water

The whole village has gathered. . .
Water should be overbreathed Water should be lapped up
Otherwise we will be swallowed
By that tame Beast

MRAK ŽIVOT I STRAH

Hodnik bez ijednog ugrađenog prozora
Gdje sam se iznenada zaustavila
Zbog nestanka struje
Ličio je na ogromnu sablast
Iz koje ne mogu do vrata
Da se vratim

Krenem polako Stopu po stopu
(Ne čujem u grudima svoje korake)

Hvatam se za mrak Rukama
Zubima...
Kragnom na košulji
Koja počinje da guši istaknutu
Jabučicu na vratu

Iznenada stopalom Lijeve
Nagazim prste Desne noge

Vrisnem i pitam Ko je To

Neočekivano otvoriše se vrata

Kao iz šaržera uleti Svjetlost

Stopalu se i dalje čini da sam Ja Mrak

DARKNESS LIFE AND FEAR

A long corridor with no windows
In which I suddenly stopped
Because of an electricity blackout
Resembled a gigantic spectre
Out of which I could not
Go back to the door

I started slowly Inch by inch
(I did not hear my footsteps in my chest)

I was clutching Darkness with my Hands
With my Teeth. . .
With the shirt collar
That started choking
My Adam's apple

With my Left foot I suddenly
Stepped on the toes of the Right foot

I screamed Who is That

The door unexpectedly opened

Light burst in like from a clip

To my foot it still seemed that I was Darkness

VUKOVI

U svoje nedostižne tragove
Silaze vukovi
S planinom u zubima
U polje nepozvano

Cijelu noć
Svijetli mrak vučjim očima

U razdanje
Prokrijumčare svoj trenutak
I pomiješaju vilice
S onima koji ih traže

WOLVES

Wolves descend
To their unreachable trails
With a mountain in their teeth
To the uninvited field

All night long
Darkness blazes in wolves' eyes

At daybreak
They smuggle their moment
And mix their jaws
With those who look for them

IZA ZAZIDANIH PROZORA

Bojim se jutra
U kojem ničeg novog
Sem sunca nema

O njemu niko ne govori ništa
Samo polomljena u struku
Vaskrsla travka

Grom štiti Svemir
Pucanjem u čovjekovu glavu

Strah uhvaćen iza zazidanih prozora
Preseljava se na kućni prag

Kuća je sigurno zaključana
Samo joj čelo nebo dodiruje

Tako je Svemir razvio svoje dane
Da niko ne zna
Kad će po njemu prošetati

BEHIND BRICKED-UP WINDOWS

I fear the morning
Which has nothing new
Except sunshine

No one speaks about it
Save a broken grass-blade
That has resurrected

Thunder protects the Universe
Clapping on a man's head

The fear caught behind bricked-up windows
Resettles to the threshold

The house is certainly locked
Only its forehead touches the sky

The Universe has spread its days
So that nobody knows
When they will take a walk in it

TRKA

Postavili nam stazu u nepoznatom predjelu
Na start jednako pristižu i mrtvi i živi
Mada nije pošteno da imaju stazu
I oni koji u svojim nogama
Nemaju korake

Neki trče obučeni u somotno odijelo

Neki svučeni do gole kože
A ne znaju da je i nemaju

Neki za tuđim srcem dok imaju daha
Neki u istoriju s razlogom i bez razloga

Prljavi i zamašćeni Žuti i rumeni
Tromi i razgaljeni Vidoviti i slijepi
Sa Bogom u zubima
Vjetrom i kišom Vatrom i vodom
Mrakom i zorom
S nadom i padom Trče da stignu

Na cilju čeka Svjetlost

Pobjednik je onaj kroz koga prođe

THE RACE

The track is arranged for us in an unfamiliar setting
The starting line is approached by both the dead and living
Though it is not fair that the track
Exists for those who do not have
Steps in their feet

Some run dressed in velvet suits

Some stripped off to the skin
Unaware that they do not have it

Some run after someone else's hearts
Some into history with a good or for no reason

Dirty and grease-stained Pale and glowing
Slow and in a mellow mood Clairvoyant and blind
With God in their teeth
With wind and rain Fire and water
With dark and dawn
With a hope and a fall Running to make it

At the finish line Light waits for them

The winner is the one through whom it passes

STANIČNA GUŽVA

Ukrštena svjetlost lokomotive
Tek pristiglog voza
Podigla maglu i naše glasove

Kreću riječi u čekaonicu
Iz mraka u svjetlost narastajući
Noseći laži i istinu Svejedno
Kroz staničnu gužvu jad i radost istovremeno

Razbuktavamo poglede
Tražimo se preko dima
Izoštravamo vid za glavu
Koja će nas prenijeti preko tame

Deremo ljepljive jezike
Dovikujući orošena čela
Za koja još postojimo
Kao da se nikad u ovoj gužvi
Neće ponoviti naša znojna tijela
I mirisi jeftinih parfema

Ispuštamo krikove do iznemoglosti
Kao zvjerinje u najdubljim šumama
Postajemo utočište nedostojne gužve
Koja će nas za tren prežaliti
Sve dok ne nađosmo otvor na vratima čekaonice
Da nas spoji sa naforom sunca

THE RAILWAY STATION COMMOTION

The overlapping light of the engine
Of the train that has just come in
Has lifted up fog and our voices

Words are on their way to the waiting room
Growing up into light out of the dark
Carrying both lies and truths
Not distingishing between them
At the same time carrying grief and joy
Through the railway commotion
We are stirring up our gazes
We are looking for one another through smoke
Sharpening the sight for the head
That will carry us over the dark

We are ripping our sticky tongues
Hailing foreheads with beads of sweat
For which we still exist as if our sweating bodies
And smells of cheap perfumes
Will never occur again in this commotion

We are releasing screams until collpase
Like beasts in the deepest forests
We are becoming a shelter to the worthless commotion
That will forget us in a trice
Until we have found a hole in the waiting room door
To join us to the Sacrament of the Sun

STOJČINOVINA

Junska pripeka nije napuštala
Ispucalu zemlju pod trešnjom
I niko nije razaznavao
Plač novorođenog potomka
Od plača prevarenog neba

Nadiralo sunce u moju ljusku
I lizalo mi goluždravo tijelo
Da se dogodi prvi plač
Pod starom trešnjom
I razlog svjetlosti na kućnom pragu

Pucalo nebo i nebeski konci

Modrila mi koža
U kojoj se odjek moga glasa jedinio

Samo još otac da dođe
Uzme me u naramak
I pronese kroz našu Stojčinovinu
Da ulovim prvi ožiljak

Samo još otac da dođe
Prevaren što nije rodio se sin

STOJČINOVIĆES' COUNTRYSIDE

The scorching heat of June would not leave
The cracked earth beneath a cherry-tree
And nobody made distinction between
The crying of a new-born offspring
And the crying of the deceived sky

The Sun kept penetrating my shell
And licking my naked body
In order to cause the first crying
Beneath the old cherry-tree
And to bring light to the threshold

There burst the sky and sky-threads

There turned blue my skin
In which the echo of my voice fused

I only wished Father to come
To take me in his arms
And to carry me through our Stojčinovićes' countryside
To be marked by the first scar

I only wished Father to come
Deceived because there had not been born a son

NA SLOGOVE

Majka me rađala kao da je iz rečenice
Riječ po riječ na slogove rastavljala

Malo mene rađa Malo rubine pere
Ručno... Iščekujući trudove
Od trena do trena
Kao da je već tada znala
Da me za iste poslove priprema

U hladu Pod trešnjom
Zrele plodove iz oblaka
Pod junsko sunce pomjerala
Da bi mi na sigurno spustila glavu
Da zapamtim svoju sobu... Kuću...

Upoznam tijelo
I sve ono zbog čega je majka
Treperila toga dana
Zidajući planinu od sunca u sjenci Za
Buduću majčicu svijeta

Ipak... Nikada nisam vidjela Onog
Ko je planini prozore zatvorio
I koji me iznutra gleda

SPELLING

My mother was giving birth to me
As if spelling words letter by letter

By turns she was giving birth to me and washing the laundry
By hand. . . Expecting labours
From an instant to another
As if she already knew
That she was preparing me for the same jobs

In the shade of a cherry-tree
She was shifting ripe fruits from clouds
To the sunshine of June
In order to place my head on a safe spot
To enable me to remember my room. . . My home. . .

To get acquainted with my body
And with everything that made my mother
Quiver that day
Building in the shade a sunshine mountain
For the future dear mother of the world

Nevertheless. . . I have never seen the One
Who shut the mountain windows
And who watched me from within

KROZ KOPRIVU

Za jednu mjesečinu prepužem
Svu ljutiku ispod naše košare

Sred sebe sretnem moćnu koprivu
Zajapureno korača onoj izvana
Što me žestoko nažari

A svi mi putevi baš tamo zasijecaju
Kroz koprivu Niz pomrčinu
Koja me sa svjetlošću spaja

Što više tabane udaljavam
Sve više me bole nažarene riječi

Preko krvi moje zapaljene
Rođeni busen Mostari

Za njegov ular vjetar ću svezati
Neka uvijek neko oko moje glave
Zviždi

Evo nas nasamo...
Iz iste zemlje nikli...

Licem u Lice

Niko u nadi izdan

Samo nas kopriva može pronaći
Zrnom svog metka

Njime se naš odraz mjeri

Metak se srcu vraća

Pucanj je Odjek ravan otkucaju Srca
Podmeću nam Lovor
A Kopriva nas grca

THROUGH NETTLES

In one moonshine I crawl over
All the green onions under our basket

Within myself I meet mighty nettles
Glowingly marching toward the outside ones
That sting me so bitterly

And all my paths lead there
Through nettles Down the dark
That joins me to light

The more I move my feet away
The more I am hurt by stinged words

My burning blood is Abridged over
By the native turf

To its halter I will tie the wind
So that around my head whistling is always
Heard

Here we are all alone. . .
Sprouting from the same soil. . .

Face to face

No one betrayed by hope

Only nettles can find us
With their bullets

Our reflection is measuerd by them

The bullets are ricocheted to the hearts

A Shot is an Echo equal to the Hearbeat
We are planted Laurels on
And vomited by Nettles

IGRA

Još kao djeca najviše smo se
Igrali žmurke

Tako nas je igra gradila i nadziđivala
Da smo mislili da svijet
Nikad bolju građevinu nije vidio
Ni doživio

Svako zauzima svoj položaj u prostoru
I čeka povoljan trenutak da vrati
Izgubljeni život iz prethodne večeri

Krijući strah u grudima lovimo jedni druge
Iza leđa neopaženo prilazimo
Oslonjeni na dah iz sopstvenog grla

Ponekad nam nestane vazduha
Pa onako obezvazdušeni dišemo Mrak
U tuđem prostoru

Širimo ruke u prazno i zagrlimo kamen
Nadrastao koprivu
Kao svoje tijelo da grlimo

Tako nam se desi da ispod tuđeg Mraka
Osvijetlimo i djelić svoje duše

A GAME

As children we mostly
Played hide-and-seek

We were built up and erected by the game
So that we thought that the world
Had never seen or lived to see
A superior edifice

All of us took up our positions in space
Waiting for a convenient moment
To restore lives lost the previous night

Hiding fear in our chests we chased one another
Approaching furtively from the back
Supported by the breath from our own throats

At times we were breathless
Having an awful time to breathe the Dark
In someone else's space

We stretched out our hands into the void hugging a stone
Grown higher than nettles
As if hugging our own bodies

So it would happen that beneath someone else's Dark
We lighted up a tiny part of our own souls

SVIJETLA STRANA BRDA

Popesmo se na najviše brdo u Stojčinovini

Idući lomismo sitno šipražje
I ostavljasmo promjene na gustoj travi
Prateći stazu od podnožja do vrha
S maglom ispred tijela

Kao poslije seobe Ne nosimo ništa
Osim želje da stignemo
Na svijetlu stranu brda

Sunce u nama
Obasjava i one što nisu sa nama
I postajemo zajedničko tijelo
I više niko ne može zaustaviti
One koji dolaze po svoje

A u svom si od najvišeg viši
I tome nema kraja

THE LIGHT SIDE OF THE HILL

We climbed the highest hill in Stojčinovićes' countryside

Climbing up we were breaking brushwood twigs
And leaving changes in the thick grass
Following the path from the foot to the top
With fog in front of our bodies

Like after a migration we carried Nothing
Except a wish to reach
The light side of the hill

The Sun within us
Also flooded with light those who were not with us
And we became one body
So that nobody could stop any more
Those coming to take their own

In your own home you reach the very top
And there is no end to it

ČAJ OD LIPE

Tako svakoga dana vrativši se iz škole
Unosim svoj život u miris lipovog čaja
Ostavljenog na kraju šporeta
I bujicu potoka od riječi
Koje su za mnom bacala djeca
Iz školskog dvorišta

Oslobađam se bordo džempera i znoja u pazuhu
Zatvaram vrata i jedem sa stola svoju želju
To brdo hrane kojim mi majka puni srce

Što ostane
Sa domaćom zadaćom spremam u torbu
Da sutra Kad ponovo odmotam korake
Nahranim pse lutalice
Koji pristižu sa raznih drumova

„A moglo bi još jedno čeljade jesti"
Prozborila bi majka i probudila oca
Koji mirno dremucka na sećiji

On lagano otvori oči Pridoda mi desnu ruku
Protegne tanku kožu tijela
I tutne mi glavu u krilo da tražim sijede

Kao da tražim zakopano blago
Pronađem pa ponovo tanku sijedu vlas izgubim

Kao da je Očeva glava zemaljska kugla

Nikad manje sijedih
A veće Svjetiljke u mom krilu

LIME-FLOWER TEA

Every day when I come home from school
I bring into my life the scent of lime-flower tea
Set aside at the edge of the
Wood-burning stove
And torrents of words
Thrown after me by children
From the schoolyard

I get rid of the wine-red pullover and armpit sweat
I shut the door and eat my wish from the table
That pile of food with which my mother fills my heart

What remains
I put into my bag with the homework
So that on the way to school next day
I can feed stray dogs

"And someone else could eat to their hearts' content"
Mother usually says waking up Father
Who quietly dozes off on the settee

He slowly opens his eyes and extends his right hand to me
Stretching the thin skin of his body
And putting his head on my lap to look for his gray hairs

As if looking for a treasure trove
I find and then lose again a gray hair

As if Father's head were the Globe

Never fewer gray hairs
And a bigger Lamp in my lap

ŽILAVE RUKE TREŠNjE

Evo me na stablu stare trešnje

Ruke mi beru visine
Pobjegle iz majčinih očiju u strah

Skidam oblake nadnesene nad ramena

Prepisujem sunce i mjesečinu
Dok ispraćaju svjetlost
Što ljubi brda u Stojčinovini

Niko me od zvijezda ne može rastaviti

Svijetleći izvori među njima
To su moje oči zabodene ispod mraka

Tako svake noći silazim niz vjetar
U žilave ruke trešnje
Polako... Da oca ne probudim

Kroz mrak ždrijela
O... Majko
Čuju se naši razgovori
I pod trešnjom vukovi
Koji bi mogli rastrgati
Možda noć
U tatinim očima

SINEWY ARMS OF A CHERRY-TREE

Here I am on an old cherry-tree

My hands are picking the heights
That have run away from my Mother's eyes

I am taking down clouds bending over my shoulders

I am copying sunshine and moonshine
While they are seeing off light
That kisses the hills in Stojčinovićes' countryside

No one can separate me from stars

The shining springs among them
Are my eyes stuck under the dark

So every night I move down the wind
Into sinewy arms of the cherry-tree
Slowly. . . In order not to wake Father up

Through the dark of the gullet
Oh. . . Mother
Our talks are heard
And wolves, beneath the cherry-tree
That might perhaps
Rip apart the night
In Daddy's eyes

PORUKA

Poručila sam majci da sutra dolazim

Po običaju
Uvijek me čeka sjedeći na stolici
Primaknutoj otvorenom kuhinjskom prozoru
I gleda u tanku telefonsku žicu
Koja skuplja ptice Povratnice
S puteva raznih

A one nisu samo ptice
Jer nose cijeli svijet u krilima
Kao i ova žica što nije samo žica
Nego topli dom koji osim ptica
Niko ne može da sagradi

Poručila sam majci da sutra dolazim

Neka me čeka tamo gdje je navikla

MESSAGE

I have sent a message to Mother that
I am coming tomorrow

As it is her custom
She always waits fro me sitting on a chair
Pushed closer to the kitchen window
And looks at a thin telephone cable
That gathers Birds returning
From various trips

And they are not only birds
Because they carry all the world in their wings
Like this cable is not only a cable
But the warm home too that cannot be built
By anyone except by birds

I have sent a message to Mother that I am coming tomorrow

Let her wait for me as it is her custom

U NARANDŽI SUNCA

Majka mi pričala kako me pod
Trešnjom rađala
I kako sam s mukom napuštala njeno tijelo
Iz narandže sunca Usred ljeta
Dvadeset prvog juna
Iako je otac želio malog sina da ima

Umjesto glavom zemlju sam dotakla nogama
I zakopala sunce između nas dvije
Kao kamen temeljac dolazećim godinama

U pomoć su priskočile i tetka i baka
Ni prvoj ni posljednjoj meni
Da speru bol sa tijela

Ne znam kako i zašto
Ali po mjeri tog bola dodavala sam godine

Nisam računala
Da mjeru ostavljam potomcima

IN THE ORANGE OF THE SUN

Mother used to tell me how she had been giving
Birth to me beneath a cherry-tree
And how I had been leaving her body with great difficulty
Coming out of the orange of the Sun
On June the twenty first
Although Father wished to have a little son

Instead of with the head I touched the ground with my feet
And buried the Sun between the two of us
Like the corner stone for the coming years

My Aunt and Grannie delivered me
As very experienced in doing it
And washed off the pain from my body

I do not know how and why
But by the measure of that pain I added years

I did not reckon
To be leaving the measure to my offspring

OČEV SRP

Moj otac imao srp

Oblik mu pamtile
Pšenice svih ljeta

Imao u rukama jedinu svojinu
Otvorena usta ispred praznog grla

U godini sakupljao po dva naraštaja
Brižno žanjući proljeća i jeseni po brdima

Iznosio ispod sunca
Zlatne snopove ametista

Kad je otišao
Svi se rađali
Sem nasljednika

FATHER'S SICKLE

My Father had a sickle

Its shape was remembered
By wheats of all summers

My Father had the only property in his hands
And his open mouth in front of the empty gullet

He harvested two generations a year
Pianstakingly reaping Springs and Autumns on hills

Under the Sun he carried out
Golden sheaves of amethyst

When he was gone
All were born
Except heirs

SLOMLjENA ZRAKA JUTRA

Ulazim u bolničku sobu

Pored otvorenog prozora
Prazan krevet ostao da mi kaže istinu

Jurim niz stepenice

Iza jedne staklene pregrade u Intenzivnoj njezi
Budi se jutro i lomi posljednju zraku

Gledam i mislim
Zar nisi mogao još noćas iz sobe pobjeći
Moj Oče
Preko prve zvijezde kad je u prozor sišla
U pravcu ptice što let je
U nepovrat odnijela
I srce tvoje
Od svake pomisli na mrtve

O srce moje malo i nježno
Blisko sa pustim prostorom u ovoj sobi
Iz krvi dok istačeš katrene
Da li je besmisleno ispod kvake na prozoru
Izvlačiti skrivenu Svjetlost
Koju ovdje više ne mogu da nađem
Ni koliko zrnce maka

Samo je nebo upalilo svijeće

Prekid je disanja u svemiru
Kojeg će oživjeti duša Očeva
I anđele useliti

A REFRACTED RAY OF MORNING SUNLIGHT

I enter a hospital room

By its open window
The empty bed has remained to tell me the truth

I rush down the stairs

Behind a glass partition of Intensive Care
The morning is waking up and refracting tha last ray

I watch and ponder
Couldn't you get away from the room during the night
Dear Father
With the first star that descended the window
In the direction of the bird
That irretrievably carried the flight away
And your heart
Away of any thought of the dead

Oh my little and fragile heart
Intimate with the waste space of this room
While you are pouring quatrains out of the blood
Does it make any sense to pull out
The hidden light under the window handle
Which I cannot find here any more
Than a grain of poppy

Only the sky has lighted candles

There is a break of breathing in the Universe
Which will be revived by Father's soul
That will bring in Angels

ISPRAĆAJ OCA

Tog jula dvadeset devetog
Devedeset i osme
Svi vratovi suncokreta
Okretali su glave
U naša lica od voska

Rodbina Prijatelji i Poznanici
Pristizali su iz ispucalih staza
Svako u svoje nevolje
Na najviše brdo u Stojčinovićima
Prije nego li se odroni iz krila moje majke

Cijeli jedan mali grad
Skuplja prah očeve svjetlosti
Pred čijim će hodom očevo tijelo u vječnost

Već vidim novu gomilu busenja
Kako pritišće mladu travu
Na račun duboko iskopane jame

Naspram sunca koje se objesilo o nebo
I visi... visi...
I žestoko pruža odgovor
Umnoženoj dubini tamnoće iz nje

Ooo...
Ovog će časa ispod svjetlosti

Odvesti očevo tijelo
Obučeno u odijelo za odlazak
S komadićima prepečenog sunca
Oca da grije
Kad noć se
U tijelu poravna

MY FATHER'S FUNERAL PARTY

On July the twenty ninth
Of nineteen ninety eight
All sunflower necks
Turned heads
Toward our waxen faces

Relatives Friends and Acquaintances
Kept coming by the cracked paths
With the burden of their own woes
To the highest hill in Stojčinovićes' countryside
Before it slid from my Mother's lap

An entire small town
Gathered the dust of Father's light
Before whose walk Father's body would pass to eternity

I could already see a new heap of turfs
Pressing young grass
At the expense of a deeply dug grave

Facing the Sun hanging in the sky
Hanging. . . hanging. . .
And sharply responding
To the multiplied depth of the grave's dark

Ooo. . .
This very instant

They will take away Father's body
Dressed in a formal suit
With bits of overbaked sun
To warm Father
When the night
Settles in his body

STEPENICE

Stižu mi gosti iznenada
Odmah sa vrata prenose mi pozdrave od tog i tog
Koji nije mogao doći zbog tog i tog

Ako ako svi ste dobrodošli
Silazi moj glas niz stepenice kojima uzlaze
Držeći se nažutjele lamperije
Kao da nose planinu na leđima
Ježi mi se koža po tijelu
Kako ne sagradih bolje stepenice
U ovolikoj kući

A riječ je o stepenicama sa četrnaest tomova
Postavljenih od istoka ka zapadu
Da zasluženo nose teret sunca po cijeli dan
I godinama vraćaju na početak godišnja doba
Koja će ih jednoga dana potpuno izmijeniti
I niz stepenice kada se ugase svjetla
Spustiti zbir godina

Zatim...
Gosti iznenada odoše ni gladni ni žedni
Tako brzo preko svih četrnaest stepenika
A ja sa najvišeg gledam i mislim
Kako između nas stepenice više i ne postoje

Dovoljno je vjerovati da su bile

THE STAIRS

Unexpected guests are visiting me
From the very door they inform me of regards sent to me
by this one and that one
Who could not come because of this and that

Never mind all of you are welcome
My voice descends the stairs they are climbing
Clutching the panelling turned yellow
As if carrying mountains on their backs
My flesh creeps at the thought
That I have not constructed better stairs
In such a big house

And they are the stairs with fourteen volumes
Arranged from the East westward
To carry the burden of the Sun all day long
And to return the seasons of the year to the beginning
Which will change them completely one day
And pull the sum of the years down the stairs
When lights go out

Then. . .
All of a sudden the guests leave neither hungry nor thirsty
As if jumping over the fourteen steps
And from the top I watch holding
That between us the stairs are no more
It is enough to believe that they were

(O)PORUKA

Zaustavismo se nasred hodnika
Naše kuće
Okrenuti licem jedno prema drugom

Ovih dana baš ništa ne pišem
A znam Sin i Kćeri nikada neće odustati
Od želje da im čitam u bašti
Ispod kuće Sa svojim teretom
U očima čempresa i breza
Nižući stih na stih
Koji će se makar za pola vijeka
Susresti na zasluženom mjestu

Ako više Ništa za budućnost
U pjesmi ne ostavim
I ovo je dovoljno

Malo je prostora između
Malih i velikih daljina
I onih koje se uvijek mogu preći

MY LAST WILL

We have stopped in the corridor
Of our house
Facing one another

Recently I haven't been writing
And I know that my Son and Daughters will never give up
The wish that I read to them in the garden
With my heavy burden
In the eyes of cypresses and birches
Saying line after line
Which will at least in half a century
Meet at the deserved spot

If I leave nothing more for the future
In my poems
This will be enough

There is very little space
Between short and long distances
And the distances that can always be covered

TRI MALE NjEŽNOSTI

(Dragani, Draganu, Danijeli)

Učila sam svoju djecu
Da kucaju na vrata sobe
U kojoj povremeno Spavam
Dišem i Pišem

U očekivanju mog glasa
Skupi se ćutanje pred vratima
Od tri male nježnosti

Svako od njih na jednoj nozi drži tijelo
I dvostruko oživljene uši posred brave

Naravno sve zavisi od toga
Koliko dugo kucaju i koliko dugo ih ne čujem

Dešavalo se da pred vratima
Zapale mir čekajući priliku
U kojoj imaju nešto važno da mi kažu

Tako jednom iznenada otvorih vrata

Obasja me rađanje svjetlosti u malim očima
Jer imaju nešto važno da mi kažu
Za moj trideset peti rođendan

THREE TENDERNESSES

(To Dragana, Dragan and Daniella)

I have taught my children
To knock on the door of the room
Where at times I sleep
Breathe and write

Expecting to hear my voice
There gathers before the door the silence
Of three small tendernesses

Each of them standing on one foot
And straining their ears

Which naturally depends on
How long they've been knocking without my hearing them

It sometimes occurs that they ignite the myrrh
In front of the door waiting for a chance
To tell me something very important

Once I suddenly opened the door

And I got flooded with the light from their small eyes
Because they had something important to tell me
For my thirty fifth birthday

MOĆNA OGLEDALA

Koračamo
Obgrljeni hladnim plavetnilom noći
Kao mladom drenovinom
Što se ugibala pod našim tabanima
Dok smo voljeli samoću
Očeve šume

Tresla sam se kao mladica
Kad su mi otkrili
Da nosim u srcu njenu mjesečinu

Stajala pred moćna ogledala
Podizala haljine do bedara
(Previše za moje godine)

Raskopčavala dugmad ispod kojih se
Cakli moja koža

Skidala i posljednji drhtaj jutra sa tijela

Zalijegale oko mene plišane i satenske
                                    Haljine
Kao polja raži ostavljena za buduće kosce

I tako naga
Poduprta ličnim stvarima
Satima stajala u ogledalu

Sasvim sigurna da pamti moje lice
Kosu... Oči... Osmijeh...
Tijelo izloženo van konkurencije
Tajnu moju ranu i osamu

I pitala se
Zašto sam kao pred sudijom
Stajala mirno
Kao da čekam presudu
Kao da će mi saopštiti tvrde riječi
Baciti pravo u lice vatru godina
Da me oprlje i dovrše

Odgovor mi u neizgovorenoj riječi
U dahu... Nepomičan...
Onda siđe u grlo i davi me
Bez ruku i glasa
Zida bol

Zida bol i čeka
Odgovor iz Ogledala

Kao da sam na ulici U susretu sa svima
Preplavljena dnevnom svjetlošću
A bespomoćna u njenom zagrljaju

Gledamo se dugo...

Podjednako od gleda trošimo se...

Probdjeli smo tako godine
Neopaženo
Ogledalo i ja
Živi svjedok iz kojeg nikud
Mrdnula nisam A vijesti pristižu
Mimo nas

MIGHTY MIRRORS

We are walking
Wrapped up by the early cornel-wood
That used to bend under our feet
While we were in love with the loneliness
Of Father's forest

I was shaking like a green shoot
When it was detected
That in my heart I carried its moonlight

I would stand before mighty mirrors
Lifting my dresses up to the thighs
(Too much for my years)
I would undo buttons under which
My skin glistened

I removed the last shivers of mornings fom my body
Plush- and satin-Dresses lay down around me
Like fields of rye left for the future mowers

So naked
Supported by my belongings
I would be in the mirror for hours
Quite sure that it remembered my face
My hair. . . Eyes. . . Smile. . .
My body exhibited out of competition
My secret wound and loneliness

And I wondered
Why I stood before the judge
So quietly
As if waiting for the conviction
As if I would be announced hard words
And be thrown the fire of years into the face
To scorch and to finish me off

The response was in an unuttered word
In my breath. . . Frozen. . .
Then it reached my throat choking me
Handless and voiceless
Building up the pain
Building the pain and waiting
For the response from the Mirror

As if I were in the street Meeting someone
Flooded with daylight
And helpless in its embrace

We would look at each other for a long time. . .
Both decaying in that way. . .

So we have spent years
Unobserved
Myself and the mirror
The living witness out of which
I have not moved anywhere And the news keeps flowing
Without our will

POTOMSTVO

Silazili u ječmeno zrno
Nabreklo od jedrine za veliku žetvu

Ljubilo se klasje oko naših članaka
I disale nas okolne livade
Koje su mirno
Posmatrale naše glave
Podignute žitu preko pasa

Nismo poznavali jednostavnost njive
Svjedoka pred kojim smo skapavali
Kao zvijeri u planini
Kad dođu duge i hladne zime
U nama vuk gladovao bijelo jagnje
Dok povaljasmo žute ponjave
Po sušnoj zemlji

Izvlačilo se zrelo zrnevlje
Iz svoje košuljice i po nama padalo
Al ne čusmo kako zlato zvoni
Samo smo znali kako iza nas
Ostaje potomstvo
Na onom mjestu
Na kojem se nikada nećemo rastati

Na mjestu sasvim običnom
Na mjestu gdje nam je drhtaj i dan ostario

OFFSPRING

We descended into a barley corn
Swollen up for the rich harvest

Ears of grain kissed around our ankles
And we were breathed by surrounding meadows
That quietly
Watched our heads
Raised above the waist of wheat

We were not familiar with the simplicity of the field
That witness before which we starved
Like beasts in the mountains
During long and cold winters
The wolf within us longed for a white lamb
As we spread crude yellow rugs
Over arid land

Ripe grains left
Their husks scattering over us
But we did not hear gold ringing
We only knew that behind us
There remained offspring
At the spot
Where we would never separate

At the spot quite ordinary
At the spot where our shiver and day grew old

KIŠE

Potrošila sam najbolje dane
Ljubeći tvoje kiše

Voljela preko ptica i nadanja
Koji su me vodili kroz svjetove

Produžavala preko njih staze vida
U koje sam kao u buduće vrijeme
Padala voleći

Presretale me seoske straže
Dok rasla sam ispod mjesečine
Na opasnim mjestima

Dok me tamno sunce ispraćalo na jug
Psovali mi stope
Sijekući tišinu u mojim malim ušima

Ja nosila Tane u srcu
(Kao rijedak cvijet)
Tek toliko da te sačuvam od ranjavanja
Kad noć bane iznenada

Odapinjala strijele po brdima
Oko tvoga struka
U tamni kaiš skopčanog
Da te metak zaobiđe

Bijela jutra koja rađala sam
Obistinila me u postelji od žitnog polja
Među sjenkama zlatne jeseni...

Potrošila sam najbolje dane
Ljubeći tvoje kiše

U njima
Svoju Svjetlost i svoj Mrak

RAINS

I spent my best days
Kissing your rains

I loved through birds and hopes
Into which I fell like into the future
Loving

As I grew up under the moonlight
Village guards intercepted me
At dangerous spots

As I was seen off southwards by the Sun
They cursed my feet
Cutting silence in my small ears

I carried the Bullet in my heart
(Like a rare flower)
In order to rescue you from being wounded
When the night turned up suddenly

I shot arrows on hills
Around your waist
Buckled up by a dark belt
To make the bullet skirt you

The white mornings I gave birth to
Made me true in a bed of a wheat field

Among the shadows of golden Autumn. . .

I spent my best days
Kissing your rains

And in them
My Light and my Dark

RIJEČI

Sunce između nas
Isteklo među riječi
Koje mi prate odbjegle jeseni i zime

Provlače se kroz razdaljinu
Od jednog do drugog otkucaja
Od kiše do kiše

Između dva slijepa svjetla
Da me prenesu
Od zvijezde do zvijezde

Tako se na tom putu potroše
Pa ih nanovo kao ogoljen cvijet
Berem na hladnoj poljani
I njegujem budućnost na sigurnom

WORDS

The sunshine between us
Has run out into words
That follow my defected Autumns and Winters

They drag through distances
From one to another heartbeat
From rain to rain

Between two blind lights
To transfer me
From star to star

On that way they get spent
And I pick them again
Like bare flowers in a cold field
Safely cherishing my future

IZNENADA PISMO

Evo iznenada i neočekivano
Pišem ti pismo
A ne znam hoću li ga
Ikad napisati

I ako napišem
Da li ću ga poslati

Ako pošaljem
Da li će ti stići

I ako stigne ja neću znati

Kao ni ti što ne znaš
Da ti godinama pišem

ALL OF A SUDDEN A LETTER

All of a sudden quite unexpectedly
I am writing a letter to you
And I am not sure
Whether I will ever finish it

And if I finish it
Whether I will send it

And if I send it
Whether it will reach you

And if it reaches you I will not know

Like you do not know
That I have been writing to you for years

BIOGRAFIJA

Jovanka Stojčinović Nikolić, pjesnik, prozaista, esejista i kulturni poslenik, rođena je u Ritešiću kod Doboja (Bih). Do 1998. godine radila u Srednjoškolskom centru i Gimnaziji u Doboju, kao profesor. Od 1998. do 2010. bila je direktor Centra za kulturu i obrazovanje u Doboju. Potom radila u opštini Doboj kao Savjetnik za obrazovanje, nauku i kulturu u kabinetu načelnika.

Do sada je objavila 15 knjiga poezije : *Zvijezda skitača* (1975), *Tijesno nebo* (1994), *Samoća ruže* (1995), *Golo sunce* (1996), *Kamen moje krvi* (1996), *Boso bilje* (1997), *Oskoruša* (2000), *Gorka svjetlost* (2002), *Ključaonica*-Izabrane i nove pjesme (2003), *Oblik svjetlosti* (2006), *Mrak od čistog zlata* (2006), *Tamno oko ulice* (2009), *U prvom licu* (2011), *Tamno oko ulice*, 2. izdanje (2011). *Trinaesti stepenik* (2014), *Odabrani čas* (izbor iz poezije, 2015), *Trenutak koji je izmislio ogledalo* (Izabrane i nove pjesme, 2019), *Sunce pod jezikom* (2021)

Uporedni putevi (Prikazi, ogledi i recenzije, 2018),

Neko je pozvonio, Priče (2019).

Uvrštena je u više antologija, zbornika, panorama...

Dobitnik je više nagrada od kojih izdvaja: Nagrada Udruženja književnika RS (Banjalučka podružnica) i grad Banja Luka (za najbolju knjigu u 2009. god), Nagrada Udruženja književnika Romanijsko-sarajevsko-drinske podružnice (za neobjavljen rukopis, 2002. godine) *Kočićevo pero*, *Šušnjar*, *Šumadijske metafore*, *Ključ Dobor grada*, *Milan Lalić*, *Kondir kosovke devojke*, Godišnja nagrada UK Republike Srpske za 2014. godinu, *Hadži Dragan*, *Zlatni orfej* - UP Sedmica

(Frankfurt), Međunarodna književna nagrada *Zlaten prsten* (Skoplje), *Specijalna nagrada Saveza pisaca* Bugarske, Zlatna značka Kulturno prosvetne zajednice Srbije, Priznanje Ministarstva prosvjete i kulture RS (za doprinos razvoju kulture), Amblem grada Doboja (za doprinos kulturnom stvaralaštvu), Povelju Udruženja građana grada Doboja (za doprinos razvoju kulture.

Poezija joj je prevedena na više stranih jezika (ruski, italijanski, njemački, rumunski, bugarski, makedonski, engleski, jermenski, slovenački, ukrajinski, poljski, arapski...

Osnivač je te više od deceniju Direktor i selektor pozorišnog festivala u Doboju „Teatar fest" - Doboj.

Osnivač je Likovne radionice „Tvrđava", Doboj i njen višegodišnji selektor.

Prof. dr Bogomir Đukić u Izdavačkoj kući „Artprint" iz Banje Luke objavio je knjigu *Svjetlost nad Stojčinovinom, Pjesnički opus Jovanke Stojčinović Nikolić* (2015).

Bila je predsjednik Udruženja književnika Republike Srpske od 2012. do 2016. godine.

Od 2019. godine član je Slovenske akademije književnosti i umjetnosti sa sjedištem u Varni (Bugarska).

ABOUT THE POETESS

Jovanka Stojčinović Nikolić, a poetess, prose writer, essayist, and cultural booster, was born in the village of Ritešić near Doboj (Bosnia & Herzegovina). Up to 1998. she worked as a secondary school teacher in Doboj. From 1998. to 2010. she was General Manager of the Culture and Training Centre in Doboj. After that, as a member of Mayor's staff, she was Adviser for culture, sciences and education.

So far she has published 15 books of poetry: *A Wanderer's Star* (1975), *The Tight Sky* (1994), *The Loneliness of a Rose* (1995), *The Naked Sun* (1996), *The Stone of My Blood* (1996), *Barefoot Plants* (1997), *A Service-tree* (2000), *Bitter Light* (2002), *The Key-hole – Selected and New Poems* (2003), *The Shape of Light* (2006), *The Darkness of Pure Gold* (2006), *The Dark Eye of the Street* (2009), *In the First Person* (2011), *The Dark Eye of the Street* (second edition) (2011), *The Thirteenth Stair* (2014), *The Chosen Moment* (selected poems) (2015). In 2018. she published a book of accounts, essays and reviews under the title *Parallel Roads*.

She is included in many anthologies and collections of poetry.

She has received many awards, among which the most important are: Award of Association of Writers of the Republic of Srpska (for the best book in 2009), Award of Association of Writers of Romanija-Sarajevo-Drina Chapter (for the unpublished manuscript in 2002), Kočić's Pen, Šušnjar, Metaphors of Šumadija, The Key of Dobor-City, Milan Lalić,

The Goblet of the Girl of Kosovo, Annual Award of Association of Writers of the Republic of Srpska for the year 2014., Hadji Dragan, Golden Orphey by Number Seven Association of Writers in Frankfurt, international literary award Golden Ring (Skopje), Award of Association of Writers of Bulgaria. . .

She has also won other highest recognitions – Golden Badge of Cultural and Educational Commnity of Serbia, Recognition of Ministry of Education and Culture of the Republic of Srpska for the contribution to the development of culture, Emblem of the City of Doboj for the contribution to the cultural creativity, Charter of Association of Townsfolk of Doboj for the contribution to the development of culture.

Her poetry has been translated into many languages (Russian, Italian, German, Roumanian, Bulgarian, Macedonian, English, Armenian, Slovene, Ukrainian, Polish, Arabic. . .).

She is the founder of the theatre festival in Doboj (Theatre Fest) and has been its selector for more than a decade.

She is the founder of the Fortress Visual Arts Workshop in Doboj and has been its selector for many years.

She is the founder and coordinator of Landlady Art Colony Okolišta-Ozren.

In 2015. Artprint Publishing House from Banja Luka published the book Light above Stojčinovićes' Countryside – Poetic Work of Jovanka Stojčinović Nikolić, by Professor Bogomir Đukić.

From 2012. to 2016. she was President of Association of Writers of the Republic of Srpska.

Translated into English by
Lazar Macura

Sadržaj/ CONTENTS

CPSIA information can be obtained
at www ICGtesting.com
Printed in the USA
BVHW070030130823
613499BV00001B/56

www.ingramcontent.com/pod-product-compliance
Lightning Source LLC
Chambersburg PA
CBHW070531030426
42337CB00016B/2178